Das Fest der Feste steht vor der Tür und damit auch die vorweihnachtliche Zeit des Bastelns und Dekorierens. Wie wäre es zum Beispiel mit hübschen Figuren und Dekorationen aus Salzteig?

Alles, was Sie brauchen, sind etwas Mehl, Salz und Wasser, und schon kann der Modellierspaß beginnen. Ob Sie eine Deko für Ihre Wohnung modellieren oder einem lieben Menschen eine Freude bereiten möchten, in diesem Buch finden Sie sicherlich das Richtige. Neben traditionellen weihnachtlichen Figuren wie Engel, Weihnachtsmann und Heilige Familie, tummeln sich hier auch winterliche Motive wie Schneemann, Elche und Pinguine. Und obendrein macht das Modellieren des ökologisch unbedenklichen Materials Salzteig auch Kindern riesigen Spaß.

Ich hoffe sehr, Ihre Lust aufs Modellieren mit Salzteig geweckt zu haben

Ihre

Vergnügte Rentiere im Schnee

auf Futtersuche

MOTIVHÖHE
Tanne, ca. 6,5 cm

MATERIAL

* Acrylfarbe in Lachsrot, Weiß, Schwarz, Nougat, Lichter Ocker und Olivgrün
* 2 Rundholzstücke, ø 4 mm, 3 cm lang
* Rundholzstück, ø 3 mm
* Zahnstocher
* Strukturschnee
* 4 kleine Reisigzweige (Geweih)
* 2 Stoffstreifen, 1,5 cm x 10 cm
* Gabel
* etwas Heu

VORLAGEN
Bogen 1A

1 Zunächst für den Körper der Rentiere eine Kugel (ø 5 cm) und für den Kopf jeweils eine ovale Teigmasse (3 cm lang, ø 2 cm) etwas flachdrücken. Die Beine bestehen aus vier flachgedrückten Kugeln (ø 1,5 cm), die unter den Körper gesetzt werden (siehe Zusammenfügen einzelner Teile auf Umschlagseite). Danach ein kleines Schwänzchen sowie eine kleine, kugelförmige Nase (ø 5 mm) formen und fixieren. Für das Geweih mit dem Rundholzstück (ø 3 mm) wie abgebildet Löcher in den frischen Teig stechen. In den Kopf nun von unten mit dem Rundholzstück (ø 4 mm) ein weiteres Loch einstechen und mit demselben Rundholzstück von oben in den Körper (vorderer Teil) ein Loch drücken. Diese Löcher werden für den Hals (Rundholzstück, ø 4 mm) benötigt.

2 Die Tannen bestehen aus zwei aufeinandergesetzten Kegeln. Wenn Sie in den unteren Kegel einen Zahnstocher stecken, verleiht das der Tanne mehr Stabilität. Anschließend mithilfe einer Gabel das senkrecht verlaufende Muster gestalten.

3 Die Futterkrippe wird aus einem Quader (1,5 cm x 5 cm x 2,5 cm) geformt, der auf der Oberseite nach innen gewölbt wird. Flachgedrückte Teigrollen (ø 8 mm, 3 cm lang) dienen als Füße.

4 Nach dem Backen und Auskühlen können Sie die Teile wie abgebildet oder nach Belieben anmalen und die Gesichter gestalten. Wenn Sie sie zusätzlich mit Klarlack einsprühen, fixieren Sie die Farben obendrein. Nun noch die einzelnen Geweihe einkleben und den Hals, bestehend aus einem Rundholzstück, ø 4 mm, 3 cm lang, einkleben. Zuletzt die Tannen mit Strukturschnee schmücken, die Krippe mit etwas Heu befüllen und jedem Rentier einen Schal um den Hals binden.

Für besondere Stunden

Kerzenhalter für Teelichter

MOTIVHÖHE
Engel, ca. 4,5 cm

MATERIAL
TEELICHTHALTER MIT ENGEL

* Acrylfarbe in Weiß, Hautfarbe, Lachsrot, Antikgrün und Metallic-Gold
* Flower-Hair in Gold
* Ausstechform: Stern, ø 2 cm
* Zahnstocher
* Satinband in Weiß, 3 mm breit, 13 cm lang
* Acryl-Strassstern zum Aufkleben in Kristall, ø 8 mm
* 7 Acryl-Strasssteine zum Aufkleben in Kristall, ø 3 mm
* Bindedraht, ø 0,35 mm
* Messingblechrest, ca. 0,1 mm stark

TEELICHTHALTER MIT GEWÜRZEN

* Glimmerspray in Gold
* 6 Anissterne
* Gewürznelken nach Bedarf

VORLAGEN
Bogen 1A

Teelichthalter mit Engel

1 Zuerst eine Teigkugel (ø 6 cm) formen und ein Teelicht in die frische Teigkugel drücken, bis der Rand des Teelichtes bündig mit dem Teigrand abschließt.

2 Für den Engel einen eiförmigen, 3 cm hohen Körper formen. Diesen oben und unten etwas abflachen und einen kugelförmigen Kopf (ø 2 cm) aufsetzen. Nun einen Zahnstocher waagerecht und seitlich in den Teelichthalter stecken und den Engel auf das andere Ende des Zahnstochers setzen. Beide Teile miteinander fixieren (siehe Zusammenfügen einzelner Teile auf Umschlagseite).

3 Den Salzteig auf eine Stärke von ca. 4 mm Stärke ausrollen und acht kleine Sterne aus dem Teig stechen. Die Sterne können Sie nun auf dem Teelichthalter verteilt anbringen. Nach dem Backen alles anmalen. Dabei auch dem Engel das Gesicht gestalten und anschließend alles lackieren.

4 Zuletzt schneiden Sie mithilfe einer Schablone das Flügelpaar aus Messingblech zu und kleben es wie abgebildet mit Heißkleber an. Für die Haare etwas Flower-Hair mit dem Bindedraht zusammenbinden und dem Engel auf den Kopf kleben. Schließlich das Satinband um den Hals binden und die Acryl-Strasssteine sowie den -Stern aufkleben.

Teelichthalter mit Gewürzen

1 Eine Teigkugel (ø 7 cm) formen. In die Mitte eine Vertiefung mit dem Zeigefinger ausarbeiten. Sie sollte die grobe Vertiefung für das Teelicht bilden. Nun können Sie das Teelicht reindrücken und die genaue Vertiefung ausformen. So lässt sich ein intensives „Plattdrücken" der Teigkugel vermeiden.

2 Danach die Anissterne gegen den Teigrand drücken und mit ein paar Stecknadeln fixieren. So verhindern Sie das Abfallen der Sterne. Jetzt die Nelken wie abgebildet in die Zwischenräume in den frischen Teig drücken. Den Teelichthalter nun vorsichtig an der Luft trocknen lassen. Zum Schluss die Anissterne mit etwas Heißkleber fixieren und alles mit Glimmerspray einsprühen.

Hinweis: Lassen Sie die Teelichter niemals unbeaufsichtigt brennen!

Frohes Fest!

Engel, Nikolaus und Schneemann ...

... wünschen ein Frohes Fest!

1 Den Teig als Erstes ca. 8 mm stark ausrollen. Nun das Schild gemäß der Vorlage zuschneiden. Aus einer dünnen Teigplatte (4 mm stark) die Eiskristalle, die Tannen, den Schneemannkopf, den Engelskopf und den Weihnachtsmannkopf herstellen.

2 Danach den Teig auf ca. 2 mm Stärke ausrollen und mithilfe der Schablone die zusätzlichen Haare, den Mützenrand, den Schnauzbart und den Hut zuschneiden. Diese einzelnen Teile nun passgenau auf die Köpfe setzen. Als Nächstes erhält der Weihnachtsmann eine Teigkugel als Nase und den Schnauzbart aufgesetzt. Für den Schneemann eine kleine Möhrennase formen und anbringen.

3 Nun setzen Sie die Eiskristalle und die Tannen wie abgebildet auf das Schild und stechen die Aufhängelöcher auf dem Schild mit dem Rundholzstück und den einzelnen Figuren mithilfe eines Zahnstochers durch.

4 Alle Teile backen und nach dem Auskühlen wie abgebildet anmalen, die Gesichter gestalten und den Schriftzug mit schwarzem Filzstift aufmalen. Den Mützenrand des Schneemannes mit Strukturschnee betupfen und das mithilfe einer Schablone zugeschnittene Flügelpaar an den Engelskopf kleben. Mit Plusterstift in Sonnengelb die Haare ausschmücken.

5 Nun den Rand des Schildes mithilfe des Heißklebers mit der Spitzenbordüre bekleben. Danach die Figuren unter das Schild hängen. Dazu eine Perle mithilfe einer Nadel auf die Kordel fädeln, diese durch das Loch der Einzelteile fädeln und auf der Rückseite wieder durch die Bohrung der Perle gehen. Nach der Perle einen Knoten binden, die Kordel weiter oben durch ein Loch im Schild fädeln und dahinter ebenfalls verknoten. Für das Anbringen des Aufhängebandes genauso vorgehen. Zuletzt können Sie das Schild zusätzlich mit den Strasssteinen verzieren.

MOTIVHÖHE
Schild, 7,5 cm x 15 cm

MATERIAL
* Acrylfarbe in Taubenblau, Weiß, Antikgrün, Lichter Ocker, Terrakotta, Hautfarbe, Lachsrot, Antikblau und Mandarine
* Ausstechform: Tanne, 4 cm hoch
* Alu-Bastelfolienrest in Silber, 0,15 mm stark
* Plusterstift in Sonnengelb
* 25 Acryl-Strasssteine in Bergkristall, selbstklebend, ø 3 mm
* Spitzenbordüre in Weiß, 1 cm breit, 44 cm lang
* Strukturschnee
* 5 Wachsperlen in Creme-Weiß, ø 8 mm
* Kordel ohne Draht in Silber, ø 1 mm, ca. 50 cm lang
* Organzaband in Grün, 5 mm breit, 80 cm lang
* Rundholzstück, ø 3 mm
* Zahnstocher
* Nähnadel

VORLAGEN
Bogen 1A

Weihnachtlicher Sternsänger-Chor

kann beliebig vergrößert werden

MOTIVHÖHE
Sänger, ca. 3,5 cm

MATERIAL
* Ausstechform: Stern, ø 2 cm
* Acrylfarbe in Hautfarbe, Schwarz, Lachsrot, Antikgrün, Dunkelgrau, Terrakotta und Metallic-Gold
* Strukturschnee
* Druckerpapierrest, 2 x 1,5 cm x 0,8 cm
* Zahnstocher
* Bindedraht, ø 1,4 mm

VORLAGEN
Bogen 1A

1 Für jeden Sternsänger eine Teigkugel (ø 2 cm) für den Kopf formen. Den Körper jeweils aus einer eiförmigen Teigmasse (ø 3 cm, 2,5 cm hoch) modellieren. Nun mit einem Messer die Standfläche abflachen. Den Kopf aufsetzen (siehe Zusammenfügen einzelner Teile auf der Umschlagseite) und eine dünne Teigrolle (ø 4 mm, ca. 3 cm lang) als Hutkrempe um den Kopf jedes Sternsängers legen. Kleine Teigkugeln als Hände formen und wie abgebildet anbringen. Ein Sternsänger bekommt seitlich mit einem Zahnstocher ein Loch für den Stab in den frischen Teig gestochen.

2 Danach aus dem Teig zwei kegelförmige Tannen formen (4,5 cm und 5,5 cm hoch). Das Haus besteht aus einem Quader (3,8 cm x 1,5 cm) und einem aufgesetzten Satteldach. Nun einen kleinen, quadratischen Schornstein anbringen.

3 Für den Stern eine kleine Teigmenge auf eine Stärke von 5 mm ausrollen und den kleinen Stern ausstechen und mit dem Zahnstocher ein kleines Loch seitlich in den Stern stechen. Nun alle Teile im Backofen aushärten.

4 Nach dem Abkühlen alle Motive wie abgebildet anmalen und die Gesichter gestalten. Zur besseren Fixierung der Farben können Sie alles obendrein mit Klarlack lackieren. Nun das Hausdach und die Tannenspitzen mit Strukturschnee betupfen.

5 Zuletzt den Stern auf das Ende des Bindedrahtes stecken, das andere Drahtende im seitlichen Loch des Körpers mithilfe von Klebstoff fixieren. Und schließlich kleben Sie den beiden Sängern ihre Notenblätter in die Hände. Fertig!

Stichwort „Sternsänger“

Die Sternsänger (ein aus Schülern bestehender Chor) sind auch als Kurrende bekannt. Sie stammen der evangelisch-lutherischen Kirche ab und ziehen heute noch hauptsächlich im Erzgebirge durch den Ort und tragen Weihnachtslieder vor.

Geschmückter Reisigkranz

mit weihnachtlichen Motiven

1 Ca. die Hälfte des Teiges mit Kakao einfärben. Den Teig auf eine Stärke von ca. 6 mm auswalzen und aus beiden Sorten die Sterne (5 x) und die Tannen (4 x) ausstechen. Mit einem Messer die Teile mittig durchschneiden. Die Schnittfläche mit Wasser befeuchten und so zwei andersfarbige Teile zusammenfügen. Die Aufhängelöcher mit einem Zahnstocher einstechen.

2 Nach dem Trocknen bzw. Aushärten den braunen Bereich mit der Spitzenbordüre bekleben und den weißen Bereich mit einigen Halbperlen (ca. 4–5 Stück) verzieren. Zum Aufhängen der Teigteile die Kordel verwenden. Hierbei ein Kordelende durch das Loch fädeln und die Kordel direkt nach dem Stern oder der Tanne verknoten.

3 Das dünne Organzaband halbieren und als Aufhängung an vier gleichmäßig verteilten Punkten um den Kranz binden. Aus dem breiten Organzaband vier Schleifen mithilfe des Bindedrahtes zusammenziehen und damit die Knoten des dünnen Aufhängebandes kaschieren.

4 Zum Schluss die einzelnen Gebäckteile am Kranz anbringen. Diese entweder an ein Zweiglein knoten oder einen kleinen, aus Bindedraht gebogenen Haken am Kranz befestigen.

MOTIVHÖHE
Tanne, 7 cm

MATERIAL
* Reisigkranz, ca. ø 30 cm
* Kakao
* Ausstechform: Tanne, 7 cm lang und Stern, ø 5 cm lang
* Kordel ohne Draht in Silber, ø 1 mm, ca. 2 m lang
* Organzaband in Weiß, 5 mm breit, ca. 1,20 m lang sowie 1 cm breit, ca. 80 cm lang
* Glas-Halbperlen in Grau und Dunkelgrün, ø 3, 5 und 6 mm (nach Bedarf, ca. 4–5 Halbperlen pro Anhänger)
* Spitzenbordüre in Weiß, ca. 1,2 cm breit, pro Stern ca. 4,5 cm lang, pro Tanne ca. 7 cm lang
* Bindedraht, ø 0,35 mm
* Steinkleber
* Zahnstocher

VORLAGEN
Bogen 1A

Sollten sich die beiden Teile voneinander lösen, können Sie sie wieder mit etwas Klebstoff aneinander fixieren.

Die Heilige Familie

samt Ochs und Esel

MOTIVHÖHE
Josef, ca. 6 cm

MATERIAL
* Acrylfarbe in Hautfarbe, Antikgrün, Hellgrau, Mittelbraun, Antikblau, Lachsrot, Hellbraun, Weiß, Terrakotta, Lichter Ocker, Zartrosa, Schwarz, Dunkelgrau und Metallic-Gold
* Ausstechform: Kreis, ø 12 cm (Umhänge)
* Knoblauchpresse
* Bindedraht, ø 1,4 mm, ca. 10 cm lang
* Rundholzstück, ø 4 mm
* dünnes Zweigstück (Josef)

VORLAGEN
Bogen 1B

Maria

1 Für den Körper und den Kopf jeweils eine Teigkugel (ø 4 cm und 2,5 cm) formen. Den Kopf auf den Körper setzen (siehe Zusammenfügen einzelner Teile auf Umschlagseite), etwas Teig durch die Knoblauchpresse drücken und als Haare auf den Kopf legen.

2 Für den Umhang den Salzteig auf eine Stärke von ca. 3 mm ausrollen, den Kreisausstecher oder etwas Ähnliches auf den Teig legen, ausstechen und diese Teigplatte halbieren. Eine Hälfte für Marias Umhang, die andere Hälfte wird später für Josef benötigt. Den Umhang leger über den Kopf legen und leicht an den Körper drücken. Nun wird die Figur im Ofen ausgehärtet.

3 Nach dem Backen alle Teile wie abgebildet anmalen, das Gesicht gestalten und alles zum besseren Fixieren mit Klarlack lackieren.

Josef

1 Für den Körper und den Kopf aus dem Teig Kugeln formen (ø 4,5 cm und 3 cm). Den Kopf auf den Körper setzen und den Umhang (zweite Hälfte von Marias Umhang) um die Schulter legen. Etwas Teig durch die Knoblauchpresse drücken, in kleine Stücke schneiden und als Haare aufsetzen.

2 Der Bart besteht aus langen, durch die Knoblauchpresse gedrückten Salzteigstücken. Diese Strähne für Strähne an Josefs Kopf anbringen und am Ansatz festdrücken. In den Umhang mit einem Rundholzstück (ø 4 mm) ein Loch für den Stab (dünnes Zweigstück) stechen. Danach die Figur im Ofen aushärten.

3 Nach dem Abkühlen alle Teile wie abgebildet anmalen, das Gesicht gestalten und alles lackieren. Josef bekommt ganz zum Schluss noch seinen Stab in das dafür vorgesehene Loch im Umhang gesteckt und mit Klebstoff fixiert.

Jesuskind

1 Für die Krippe eine eiförmige Form mit einer Länge von ca. 5 cm und einem Durchmesser von ca. 2 cm formen. Danach auf der Oberseite eine Vertiefung eindrücken. Die Krippe mit ausgepressten (mithilfe der Knoblauchpresse) Salzteigstücken auspolstern.

2 Das Jesuskind besteht aus einem eiförmigen Körper mit einer Länge von 2 cm und einem Durchmesser von 1,5 cm. Der kugelförmige Kopf hat einen Durchmesser von gut 1 cm. Kopf und Körper zusammenfügen und auf das „Heupolster“ legen. Für die Decke etwas Salzteig ca. 2 mm stark ausrollen und ein Rechteck von 3,5 cm x 4,4 cm zuschneiden. Diese „Decke“ über den Körper des Kindes legen und leicht andrücken. Danach das Jesuskind samt Krippe im Ofen härten.

3 Nach dem Auskühlen alle Teile wie abgebildet anmalen, das Gesicht gestalten und alles lackieren.

Weiter geht es auf Seite 14

Esel

1 Der Körper besteht aus einer Teigkugel (ø 4,5 cm) und der Kopf aus einer ovalen Form mit einer Länge von 4 cm und einem Durchmesser von 2,5 cm. Den Kopf leicht flach drücken. Körper und Kopf zusammenfügen, die flachgedrückten Ohren aus einem ovalförmigen Teil (ca. 2 cm lang) formen und ansetzen.

2 Für den Schwanz eine dünne Teigrolle (ø 5 mm, 5,5 cm lang) formen und anbringen. Für die Haare und die Schwanzquaste etwas Teig durch die Knoblauchpresse drücken und vorsichtig anbringen. Die Figur danach im Ofen aushärten.

3 Nach dem Abkühlen alle Teile wie abgebildet anmalen, das Gesicht gestalten und alles lackieren.

Ochse

1 Für den Körper eine Teigkugel (ø 4,5 cm) formen. Den Kopf aus einer ovalen Form mit einer Länge von 4 cm und einem Durchmesser von 2,5 cm formen. Den Kopf leicht flachdrücken und auf den Körper setzen. Die Hörner und die Ohren aus kleinen Teigkugeln (ø 1 cm) formen und aufsetzen.

2 Für den Schwanz eine Teigrolle formen (ø 5 mm, ca. 5,5 cm lang) und anbringen. Etwas Teig durch die Knoblauchpresse drücken und als Schwanzquaste ergänzen.

3 Aus einer kleinen Teigkugel (ø 1,5 cm) eine kleine Maus mit spitzer Nase formen. Kleine, aus kleinen Teigkugeln (ø 5 mm) geformte Ohren anbringen und ein dünnes (ø 3 mm, 1,5 cm lang) Schwänzchen ergänzen.

4 Nach dem Abkühlen alle Teile wie abgebildet anmalen, die Gesichter gestalten und alles lackieren.

Stern

Den Salzteig auf eine Stärke von ca. 8 mm ausrollen. Mithilfe einer Schablone den Stern zuschneiden. Für den Standfuß eine Teigkugel (ø 3,5 cm) flachdrücken und mit einem Zahnstocher ein Loch in den Stern sowie in den Standfuß stechen. Danach beide Teile backen, bemalen und anschließend lackieren. Den Bindedraht in dem Standfuß und dem Stern mithilfe von Klebstoff fixieren.

Zwei niedliche Elche

freuen sich auf Weihnachten

MOTIVHÖHE
ca. 7 cm

MATERIAL
* Acrylfarbe in Lachsrot, Weiß, Metallic-Gold, Lichter Ocker, Mittelbraun, Dunkelgrau, Zinnoberrot und Dunkelbraun
* Ausstechform: Stern, ø 2 cm
* Metallglöckchen in Silber, ø 9 mm
* Bindedraht, ø 0,35 mm
* Stoffstreifen, 2 cm x 4 cm
* Knoblauchpresse
* Zahnstocher

VORLAGEN
Bogen 1B

1 Den Körper des Elchmannes aus einer Teigkugel (ø 4 cm) formen und flach drücken. Den Kopf gemäß Abbildung und Vorlagenbogen aus einer eiförmigen Teigmasse modellieren. Mithilfe einer Schablone das Geweih aus einer ca. 5 mm starken Teigplatte herstellen und am Hinterkopf fixieren (siehe Zusammenfügen einzelner Teile auf Umschlagseite). Danach ein kleines Loch für das Glöckchen durchstechen. Den Kopf auf den abgeflachten Körper setzen und eine Zuckerstange aus einer dünnen Teigrolle (ø 5 mm, 3 cm lang) seitlich am Körper anbringen.

2 Die Elchfrau wird auf die gleiche Weise gearbeitet, jedoch entsprechend kleiner. Für die Haare pressen Sie etwas Teig durch die Knoblauchpresse und bringen sie auf dem Kopf an. Danach die kleine Stern-Ausstechform leicht in den Bauch der Elchfrau eindrücken, damit sich die Kontur auf dem Körper abzeichnet.

3 Beide Elche im Berührungsbereich etwas abflachen, einen Zahnstocher für die Stabilität in den frischen Teig eines Elches stecken und den zweiten Elch gegen den anderen drücken. Nach dem Backen alles gemäß Abbildung bemalen und dann lackieren. Mit dünnem Bindedraht ein Glöckchen unter das Geweih hängen. Den Stoffstreifen mittig mit Bindedraht zusammenziehen, die Drahtenden locken und mit Heißkleber am Elchmann fixieren.

Süßes Engelchen

als Kantenhocker

MOTIVHÖHE
ca. 14 cm

MATERIAL

* Acrylfarbe in Hautfarbe, Taubenblau, Antikblau, Lindgrün, Lachsrot, Weiß und Honiggelb
* Bindedraht, ø 1,4 mm, 2 x 11 cm lang (Beine), 2 x 6 cm lang (Arme), 1 x 4 cm lang (Hals)
* 2 Acryl-Strasssteine zum Aufkleben in Kristall, ø 5 mm
* 2 Acryl-Strasssterne zum Aufkleben in Kristall, ø 8 mm
* Spitzenbordüre in Weiß, 1,6 cm breit, ca. 17 cm lang
* Stoffstreifen, 1,5 cm breit, 18 cm lang
* Alu-Bastelfolienrest in Silber, 0,15 mm stark
* Knoblauchpresse
* Zahnstocher

VORLAGEN
Bogen 1B

1 Aus einer ca. 5 cm großen, abgeflachten Kugel den Körper formen. Den Kopf aus einer abgeflachten Kugel (ø 3,5 cm) modellieren. Danach drücken Sie für die Haare etwas Teig durch die Knoblauchpresse und setzen diese vorsichtig auf. Für die Hände (ø 1,5 cm) und die Füße (ø 3 cm) je zwei Kugeln formen und ein wenig flachdrücken.

2 Mit einem Zahnstocher die Löcher für den Hals, die Arme und die Beine in den frischen Teig stechen. Nach dem Backen alles gemäß Abbildung bemalen. Das Gesicht gestalten und die Teile mit Klarlack lackieren.

3 Nun mit der Heißklebepistole die Spitzenbordüre am Rumpf anbringen und die Strasssteine laut Abbildung fixieren. Mithilfe einer Schablone das Flügelpaar zuschneiden und ebenfalls mit der Heißklebepistole fixieren.

4 Zuletzt kleben Sie die Drähte ein. Dazu den Draht für die Beine rechtwinklig umbiegen. Die Schuhe erhalten jeweils einen Strassstein in Sternenform aufgeklebt. Und zuletzt den Stoffstreifen locker um den Hals binden.

Herzlicher Baumschmuck

mit hübschen Stoffmustern

MOTIVHÖHE
Tanne, ca. 7 cm

MATERIAL
* Ausstechformen: Tanne, 7 cm lang; Herz, 1,5 und 5 cm lang
* Glitter-Lack
* Stoffreste in Rottönen, kariert oder gestreift
* Kordel ohne Draht in Gold, ø 1 mm, ca. 60 cm lang
* 12 Wachsoliven in Creme-Weiß, 6 mm x 3 mm
* Zahnstocher
* Nähnadel

VORLAGEN
Bogen 2B

1 Den Teig auf ca. 5 mm Stärke ausrollen und einige Tannen und Herzen mit den Ausstechformen ausstechen. Aus diesen Teilen stechen Sie nun wie abgebildet kleine Herzen aus.

2 Bevor Sie nun zwei große Herzen vorsichtig aufeinanderlegen, platzieren Sie vorher ein Stoffstück dazwischen. Mit einem Zahnstocher die Löcher für die Aufhängung einstechen. Mit den Tannen genauso verfahren. Danach alle Teile an der Luft trocknen lassen.

3 Wenn alle Teile ausgehärtet sind, diese anschließend mit Glitter-Lack einstreichen. Zum Aufhängen die Goldkordel durch die Löcher fädeln. Dazu die Kordel mithilfe einer Nähnadel durch die Bohrung der Wachsolive fädeln, durch das Loch des Herzens stechen und auf dem Rückweg wieder durch die Olive führen. Oberhalb der Olive die Kordel verknoten. Das längere Reststück der Kordel für die zweite Olive der anderen Seite verwenden. Zum Schluss die Knoten mit einem Tropfen Kleber fixieren und danach die überflüssigen Kordelreste abschneiden.

Ein Hirte mit seiner Schafherde

passst auch zur heiligen Familie

Hirte

1 Für den Körper des Hirten einen eiförmigen Körper von ca. 4,5 cm Höhe formen. Unten etwas abflachen und oben einen Kopf (ø 2,5 cm) aufsetzen (siehe Zusammenfügen einzelner Teile auf Umschlagseite). Für die Hutkrempe eine dünne Teigrolle (ø 4 mm) etwas flachdrücken, wie abgebildet um den Kopf legen und am Kopf anpassen.

2 Für die Hände zwei kleine Teigkugeln (ø 8 mm) eiförmig modellieren. Oberhalb der linken Hand mit einem Zahnstocher ein Loch für den Hirtenstab in den frischen Teig stechen. Danach kommt die Figur zum Aushärten in den Ofen.

3 Nach dem Abkühlen die Figur wie abgebildet anmalen, das Gesicht gestalten und mit einem Klarlack fixieren. Nun noch den Bindedraht laut Vorlagenbogen an einem Ende wie abgebildet in Form biegen und in der entsprechenden Öffnung fixieren. Zum Schluss den Hut mit etwas Moos ausschmücken und die Schalenden ca. 1 cm tief fransig einschneiden und um den Hals binden.

Schafe

1 Pro Schaf zweimal eine kleine Menge (max. Füllmenge) durch die Knoblauchpresse drücken und zu einem Körper modellieren (ø 3,5 cm, 2,5 cm Höhe). Die Masse nur leicht zusammendrücken, sodass die Struktur erhalten bleibt.

2 Für den Kopf eine Kugel (ø 2 cm) formen und auf den Körper setzen (siehe Zusammenfügen einzelner Teile auf Umschlagseite). Für die Ohren kleine Kugeln (ø 1,2 cm) flachdrücken und ansetzen. Eine kleine Menge Teig durch die Knoblauchpresse drücken und als Haarpracht anbringen. Danach kommt das Schaf zum Aushärten in den Ofen.

3 Nach dem Abkühlen dieses wie abgebildet anmalen, das Gesicht gestalten und mit einem Klarlack fixieren.

MOTIVHÖHE
Schäfer, ca. 6,5 cm

MATERIAL
* Acrylfarbe in Weiß, Hautfarbe, Lachsrot, Mittelbraun und Dunkelgrau
* Bindedraht, ø 1,4 mm
* Bastelfilz in Weinrot, 1 mm stark, 1 cm x 15 cm
* etwas Dschungelmoos in Natur
* Knoblauchpresse
* Zahnstocher

VORLAGEN
Bogen 1B

Zwei, die einfach zueinanderpassen

für die Winter- und Weihnachtszeit

MOTIVHÖHE
Weihnachtsmann, 11 cm
Schneemann, 6 cm

MATERIAL

WEIHNACHTSMANN

* Acrylfarbe in Weiß, Hautfarbe, Zinnoberrot, Terrakotta und Lachsrot
* Bastelfilzrest in Grün, 1 mm stark
* Metallglöckchen in Silber, ø 9 mm
* Strukturschnee
* Bindedraht, ø 0,35 mm
* Tannenzweigspitze
* Zahnstocher

SCHNEEMANN

* Acrylfarbe in Weiß, Lachsrot und Mandarine
* Buchsgirlande, ca. 12 cm lang
* Stoffdreieck, 14 cm x 8 cm x 8 cm
* Bindedraht, ø 0,35 mm
* Strohstrickfasern (Sisalbindfaden)
* Zahnstocher

VORLAGEN
Bogen 1B

Weihnachtsmann

1 Für den Körper einen ca. 5 cm hohen Teigkegel formen und diesen oben etwas abflachen. Für den Kopf einen kleineren, ca. 4 cm hohen kegelförmigen Kopf modellieren. Dabei die Spitze leicht schräg ziehen und mit einem Zahnstocher ein Loch in den Zipfel stechen. Den Kopf aufsetzen (siehe Zusammenfügen einzelner Teile auf Umschlagseite) und den Mützenrand aus einer dünnen Teigrolle (ø 4 mm) anbringen.

2 Den Bart zuschneiden, auf den Kopf setzen und den Übergang mit etwas Wasser glätten. Die Nase (ø 1,3 cm) anbringen. Aus dünnen Teigrollen (ø 4 mm) zwei kleine Zuckerstangen formen.

3 Den Weihnachtsmann und die Zuckerstangen backen, auskühlen lassen und danach gemäß der Abbildung bemalen. Zur besseren Fixierung der Farben können Sie die Teile auch noch einmal mit einem Klarlack lackieren.

4 Den Bart mit Strukturschnee betupfen. Das Metallglöckchen mit dem Bindedraht andrahten. Mithilfe einer Schablone die Filztaschen zuschneiden und diese mit Heißkleber auf dem Weihnachtsmannkörper fixieren. Zum Schluss befüllen Sie die Taschen mit den Zuckerstangen und dem Zweiglein.

Schneemann

1 Für den Bauch des Schneemannes eine Teigkugel (ø 4,5 cm), für den Kopf eine Teigkugel (ø 3 cm) und für die Hände zwei Teigkugeln (ø 1,2 cm) formen. Den Kopf aufsetzen, die Hände anbringen und eine kleine, rübenförmige Nase ergänzen (siehe Zusammenfügen einzelner Teile auf Umschlagseite).

2 Nach dem Backen und Auskühlen wird der Schneemann bemalt. Das Gesicht gestalten und die Figur mit Klarlack lackieren. Nun die Enden der kleinen Buchsgirlande miteinander verzwirbeln und diese mit Heißkleber auf dem Kopf des Schneemannes fixieren. Das Dreieckstuch um den Hals binden. Zuletzt einige Strohstrickfasern mit Bindedraht um ein Ende des Besenstiels (Zahnstocher) binden und mit Heißkleber am Arm fixieren.

Grüße vom Südpol

zwei Pinguine

MOTIVHÖHE
großer Pinguin, ca. 4,5 cm

MATERIAL
* Acrylfarbe in Weiß, Mandarine, Schwarz und Lachsrot
* Strukturschnee

VORLAGEN
Bogen 2A

1 Für jeden Pinguin einen eiförmigen Körper formen (4,5 cm hoch, 3,5 cm hoch). Flache eiförmige Teigteile (3 cm lang, ø 1,5 cm und 2,5 cm lang, ø 1,2 cm) mit dem Messer halbieren und jeweils als Flügel rechts und links der Körper anbringen (siehe Zusammenfügen einzelner Teile auf Umschlagseite).

2 Für die Füße kleine Teigkugeln (ø 1 cm) flachdrücken. Winzige, rübenförmige Nasen ergänzen. Den restlichen Teig ca. 1 cm stark ausrollen und mithilfe einer Schablone die Eisscholle zuschneiden.

3 Danach können Sie die Tiere und die Scholle im Backofen aushärten. Nach dem Auskühlen werden sie bemalt und die Pinguine bekommen zusätzlich ihre Gesichter gestaltet. Alle Teile mit Klarlack lackieren. Zuletzt die Pinguine auf die Scholle kleben (mit Heißkleber oder Klebstoff) und diese mit Strukturschnee ausschmücken.

Festlich geschmückte Tafel

dank Tischband

MOTIVHÖHE
Tanne, ca. 7 cm

MATERIAL
* Ausstechformen: Stern, ø 5 und 3 cm; Tanne, 7 cm lang
* Acrylfarbe in Elfenbein und Antikgrün
* Perlschimmer
* 8 Wachsperlen in Creme-Weiß, ø 8 mm
* Organzaband in Weiß, 6 mm breit, ca. 85 cm lang
* Glas-Halbperlen in Grau, 3 x ø 3 mm, 4 x ø 5 mm und 2 x ø 6 mm
* 36 Acryl-Strasssteine in Bergkristall, selbstklebend, ø 3 mm
* Nähnadel

VORLAGEN
Bogen 2A

1 Den Salzteig auf eine Stärke von 8 mm ausrollen. Den großen Stern einmal, den kleinen Stern viermal und die Tanne zweimal ausstechen. Anschließend im Ofen aushärten und danach bemalen.

2 Sobald die Farbe auf den Formen getrocknet ist, werden sie zusätzlich mit Perlschimmer angemalt. Nun die Wachsperlen auf das Organzaband fädeln. Dazu ein Ende des Organzabandes durch das Nadelöhr fädeln und danach die Nadel samt Band durch die Bohrung der Perle führen. Die Perlen sollten so angeordnet sein, dass sie ca. 10 cm Abstand zueinander haben. Zum Fixieren der Perlen einen Tropfen Klebstoff zwischen Band und Perle auftragen.

3 Nun die Tannen mit Halbperlen und die Sterne mit Strasssteinen ausschmücken. Diese danach abwechselnd in die Lücken mittig zwischen zwei Perlen auf das Band kleben. Hinter den letzen Perlen einen Knoten binden und das Organzaband nach ca. 2 cm abschneiden.

Mmh, Weihnachtsmuffins!

verführen zum Reinbeißen

MOTIVHÖHE
ca. 4,5 cm

MATERIAL
* Acrylfarbe in Weiß, Lichter Ocker, Hellbraun, Antikgrün, Mittelbraun, Terrakotta, Hautfarbe und Antikblau
* Kakao
* Plusterstift in Weiß
* 3 Papierförmchen in Weiß
* Glimmerspray in Gold

VORLAGEN
Bogen 2A

1 Als Erstes geben Sie etwas Kakao in einen Teil des Salzteiges. Formen Sie aus dem kakaohaltigen Sazlteig nun eine und aus dem Rest zwei Teigkugeln (ø 5,5 cm) für die Muffins.

2 Ein Muffin erhält fünf Mandeln, die aus flachgedrückten eiförmigen Teigkugeln (ø 1,5 cm) bestehen sowie eine Kirsche (ca. 1 cm hoch). Für den zweiten Muffin zwei Ilexblätter mithilfe einer Schablone aus 8 mm starkem Teig zuschneiden. Drei kleine Teigkugeln (ø 1,2 cm) bilden die Beeren. Der dunkle Muffin erhält einen dünnen, unregelmäßig zugeschnittenen Teiglappen (ca. 2 mm stark) als Zuckerguss. Eine kleine Teigmenge durch die Knoblauchpresse drücken und kleine Stücke als Streusel auf den Zuckerguss drücken.

3 Danach kommen die Muffins zum Aushärten in den Ofen. Sobald sie abgekühlt sind, alle Teile wie abgebildet anmalen. Der Mandelmuffin wird zusätzlich mit Plusterstift verziert. Zum Schluss alle drei Muffins mit Glimmerspray besprühen und schließlich in kleine Papierförmchen legen.

Ein riesiges Lebkuchenherz

mit witzigem Elch-Motiv

MOTIVHÖHE
ca. 19 cm

MATERIAL

* Acrylfarbe in Dunkelbraun, Hellgrau, Mittelbraun, Terrakotta und Weiß
* Ausstechform: Herz, 19 cm lang
* Kakao
* Rundholzstückrest, ø 4 mm
* Stoffstreifen, 4 cm x 8 cm
* Bindedraht, ø 0,35 mm
* Metallglöckchen in Rot, ø 15 mm
* etwas Reisig
* Schleifenband, 1,5 cm breit, ca. 48 cm lang
* Zierquaste in Weiß, 5 cm lang

VORLAGEN
Bogen 2B

1 Zunächst eine große Menge des Teige mit Kakao einfärben, auf eine Stärke von 1,5 cm Stärke ausrollen und anschließend das Herz ausstechen. Den naturbelassenen Teig auf eine Stärke von ca. 5 mm Stärke ausrollen und mithilfe einer Schablone den Elchkopf daraus ausschneiden. Den Elchkopf anschließend auf dem Herz fixieren (siehe Zusammenfügen einzelner Teile auf Umschlagseite).

2 Als Nächstes aus dem Teig dünne Teigrollen formen (ø 4 mm). Diese zu kleinen Sahnehäupchen auftürmen und laut Abbildung auf das Herz setzen. Nun mit dem Rundholzstück die Löcher für die Aufhängung am oberen Rand durch das Herz stechen. Anschließend alles im Ofen aushärten.

3 Sobald das Herz abgekühlt ist, dieses gemäß der Abbildung anmalen. Auch das Gesicht des Elchs gestalten. Den Stoffstreifen und etwas Reisig mit Bindedraht mittig zusammenbinden, ein Glöckchen auf ein Ende fädeln und mit einem Knoten dicht am Stoffstreifen fixieren.

4 Zum Schluss die Zierquaste von hinten am Herz mithilfe von Heißkleber fixieren und für die Aufhängung das Schleifenband durch die Löcher fädeln und direkt am Herz verknoten.

Mein Tipp für Sie

Variante Den Elchkopf samt Schleife können Sie z.B. sehr schön als Geschenkanhänger verwenden. Einfach ein Loch seitlich in einen Teil des Geweihs stechen und ein Band zum Festbinden durchfädeln.

Zwei drollige Gebäckmännchen

gehen durch dick und dünn

MOTIVHÖHE
Herzmännchen, ca. 13 cm

MATERIAL
* Ausstechform: Herz, 5 cm hoch
* Acrylfarbe in Hautfarbe, Terrakotta, Weiß, Dunkelbraun, Mittelbraun und Antikgrün
* Bastelfilz in Grün, 1 mm stark, 9,5 cm x 4 cm
* Bastelfilz in Weinrot, 1 mm stark, 9,5 cm x 6 cm
* Bindedraht, ø 1,4 mm
* 2 Stoffstreifen, 1,5 cm breit, 13 cm lang
* Zwirn in Schwarz
* Kordel ohne Draht in Gold, ø 1 mm
* Plusterstift in Weiß
* Zahnstocher

VORLAGEN
Bogen 2B

1 Für beide Gebäckmännchen eine Teigkugel (ø 2,5 cm) für den Kopf formen. Den Herzkörper aus einer 1 cm starken Teigplatte ausstechen und aus einer kleinen Teigkugel (ø 1 cm) die Mandel formen und aufsetzen (siehe Zusammenfügen einzelner Teile auf Umschlagseite). Der Körper des anderen Gebäckmännchens wird mithilfe einer Schablone zugeschnitten und erhält vier dieser Mandeln.

2 Für die Hände kleine Kugeln formen (ø 1 cm) und für die Füße eiförmige Teigteile flachdrücken. Danach mit einem Zahnstocher die Löcher für den Hals, die Arme und die Beine in den Teig stechen. Danach alles im Ofen aushärten, abkühlen lassen und wie abgebildet bemalen. Das Gebäck zusätzlich mit Plusterstift ausschmücken.

3 Zuletzt die Drähte in die dafür vorgesehenen Löcher einkleben. Aus den Filzteilen je eine Mütze arbeiten. Dazu die schmalen Seiten überlappend zusammenkleben. Diese „Röhre" ca. 1 cm unterhalb der Kante mit Zwirn zusammenziehen, verknoten und danach mit Goldkordel überdecken. Jedem Gebäckmännchen können Sie abschließend noch einen Schal um den Hals legen. Fertig!

Silvester steht vor der Tür

jetzt kann die Party kommen!

MOTIVHÖHE
großes Glücksschwein, ca. 5 cm
Schornsteinfeger, ca. 5,5 cm
Fliegenpilze, ca. 2,5 cm
Kleeblätter, ca. 4 cm

MATERIAL
GLÜCKSSCHWEINE
* Acrylfarbe in Lachsrot, Zartrosa, Terrakotta und Weiß
* Stoffdreieck, 20 cm x 10,5 cm x 10,5 cm
* Fotokartonrest in Grün
* Bindedraht, ø 0,65 mm
* Zahnstocher

SCHORNSTEINFEGER
* Acrylfarbe in Schwarz, Hautfarbe, Lachsrot und Weiß
* Fotokartonrest in Rot
* Stoffrest, 1 cm x 1 cm

FLIEGENPILZE
* Acrylfarbe in Weiß und Zinnoberrot

KLEEBLÄTTER
* Acrylfarbe in Olivgrün
* Glitterspray in Gold
* Stift in Gold

VORLAGEN
Bogen 2A

Glücksschweinchen

1 Für das große Schweinchen eine Teigkugel (ø 3,5 cm) für den Kopf formen. Den Körper aus einer Teigkugel (ø 5 cm) modellieren und etwas flachdrücken. Den Kopf aufsetzen und die Ohren (aus einem Dreieck geformt) sowie die Nase anbringen. Eine dünne Teigrolle (ø 4 mm) als Schwänzchen anbringen. Das kleine Schweinchen wird genauso gearbeitet, jedoch wird die Größe um die Hälfte reduzieren.

2 Danach mit einem Zahnstocher ein Loch für den Draht in den Körper des großen Schweinchens stechen und beide Tiere im Ofen aushärten. Nach dem Auskühlen die Schweinchen gemäß der Abbildung bemalen und die Gesichter gestalten.

3 Zuletzt mithilfe der Vorlage das Kleeblatt aus Fotokarton zuschneiden, Den Bindedraht in Form biegen und das Kleeblatt an einem Drahtende mit Klebstoff fixieren. Das andere Drahtende seitlich im Körper des großen Schweinchens fixieren. Und schließlich erhält das großen Schweinchen noch ein Stoffdreieck um den Hals gelegt.

Weiter geht es auf Seite 30

Schornsteinfeger

1 Den Körper aus einer Teigkugel (ø 4 cm) formen und flachdrücken. Den kugelförmigen Kopf (ø 3 cm) oben leicht begradigen und auf den Körper setzen (siehe Zusammenfügen einzelner Teile auf Umschlagseite). Eine dünne Teigplatte (ø 4 mm) dient als Hutkrempe, darauf eine Teigrolle (ø 2,5 cm) setzen.

2 Den Schornsteinfeger nach dem Trocknen bzw. Aushärten im Ofen wie abgebildet anmalen und das Gesicht gestalten. Mithilfe der Vorlage die Leiter aus Fotokarton zuschneiden. Den Stoffflicken aufkleben und die Papierleiter mit Heißkleber fixieren.

Fliegenpilze

Kleine kegelförmige Stiele erhalten von oben halbkugelige Pilzkappen aufgesetzt. Nach dem Trocknen die Fliegenpilze wie abgebildet anmalen.

Kleeblätter

Den Salzteig dünn ausrollen (ca. 4 mm stark) und mithilfe des Vorlagenbogens die Kleeblätter zuschneiden. Den Teig trocknen lassen bzw. im Ofen härten und nach Abkühlen anmalen. Sobald die Farbe getrocknet ist, die Blätter mit Glitterspray in Gold einsprühen und anschließend den Namen des Gastes aufschreiben.

Tim

Monika Gänsler ist gelernte Goldschmiedin und veröffentlicht seit 18 Jahren Bücher im frechverlag. Angefangen hat es mit Fensterbildern aus Papier, inzwischen ist Holz ihr liebstes Material. „Holz, ja Holz, ist mein Material. Es sieht gut aus, fasst sich gut an – es ist ganz einfach angenehm zu berühren und zu verarbeiten." Doch auch das Modellieren von Salzteig macht ihr sehr viel Spaß. Unterstützt wird sie von ihrem Mann und ihren zwei Töchtern. Die Familie ist auch der beste Kritiker und größte Fan zugleich: Kaum ist ein neues Buch erschienen, meldet sich auch schon die Verwandtschaft und deutet an, dass ein kleines Mitbringsel aus Holz oder Salzteig zum Geburtstag nett wäre.

DANKE!

Die Autorin dankt den Firmen Marabu (Tamm) und Rayher (Laupheim) für die freundliche Bereitstellung von Materialien.

TOPP – Unsere Servicegarantie

WIR SIND FÜR SIE DA! Bei Fragen zu unserem umfangreichen Programm oder Anregungen freuen wir uns über Ihren Anruf oder Ihre Post. Loben Sie uns, aber scheuen Sie sich auch nicht, Ihre Kritik mitzuteilen – sie hilft uns, ständig besser zu werden.

Bei Fragen zu einzelnen Materialien oder Techniken wenden Sie sich bitte an unseren Kreativservice, Frau Erika Noll.
mail@kreativ-service.info
Telefon 0 50 52 / 91 18 58

Das Produktmanagement erreichen Sie unter:
pm@frechverlag.de
oder:
frechverlag
Produktmanagement
Turbinenstraße 7
70499 Stuttgart
Telefon 07 11 / 8 30 86 68

LERNEN SIE UNS BESSER KENNEN! Fragen Sie Ihren Hobbyfach- oder Buchhändler nach unserem kostenlosen Kreativmagazin **Meine kreative Welt**. Darin entdecken Sie vierteljährlich die neuesten Kreativtrends und interessantesten Buchneuheiten.

Oder besuchen Sie uns im Internet! Unter **www.frechverlag.de** können Sie sich über unser umfangreiches Buchprogramm informieren, unsere Autoren kennenlernen sowie aktuelle Highlights und neue Kreativtechniken entdecken, kurz – die ganze Welt der Kreativität.

Kreativ immer up to date sind Sie mit unserem monatlichen **Newsletter** mit den aktuellsten News aus dem frechverlag, Gratis-Bastelanleitungen und attraktiven Gewinnspielen.

IMPRESSUM

FOTOS: frechverlag GmbH, 70499 Stuttgart; Fotostudio Ullrich & Co., Renningen (Arbeitsschrittbilder und Materialbild auf Umschlagseiten); Monika Gänsler (Seite 1 und 32); lichtpunkt Michael Ruder, Stuttgart (alle übrigen)

PRODUKTMANAGEMENT UND LEKTORAT: Tina Herud

LAYOUT: Karoline Steidinger

DRUCK: frechdruck GmbH, 70499 Stuttgart

Auflage:	5.	4.	3.	2.	1.	
Jahr:	2014	2013	2012	2011	2010	[Letzte Zahlen maßgebend]

ISBN 978-3-7724-3869-1 • Best.-Nr. 3869

PRINTED IN GERMANY